ひとりふたり‥　聞法ブックス 10

真実に遇う大地

松田正典

法藏館

真実に遇う大地●目次

装　丁　谷中雄二
企画監修　田代俊孝

私の仏教との出遇い

科学文明がもたらした現代の危機は、避けることのできない悲劇を意味しています。科学研究者として、また科学技術の担い手の教育者として生きてまいりました〝私〟という存在は、「現代の危機」の象徴であります。その悲劇的存在としての〝私一《いち》人《にん》〟の救いをとおして、「真実に遇《あ》う大地」を尋《たず》ねてまいりたいと思います。

私の専門の研究は「素粒子物理学」の理論研究でありまして、約四〇年間研究に携わってまいりました。

初めの頃は「素粒子」の研究であったわけですが、後年〝素粒子の相互作用がビッグバン宇宙を探り当てる〟という歴史的な展開に関わることができまして、研究生活としても非常に恵まれた自分であったと思われることであります。

四〇年間の私の研究生活を振り返ってみますと、世の中が激動した時代でありました。戦後、被爆地、広島・長崎を中心に平和運動が盛んに展開されました。私自身、母の弟が学徒動員の最中、遺骨も残らない形で、原爆によって亡くなったということもありまして、広島大学に学ぶと同時に平和運動に参加したのであります。

その中で私は、「アメリカの原爆実験に反対して、なぜソ連の原爆実験に反対しないのか」と主張したものですから、全学連の運動の仲間から浮き上がりまして、孤立した経緯がありました。それが私にとって青春の苦悩の始まりでした。

ちょうどその頃、アウシュビッツでユダヤの人びとがどれほどの悲惨な体験をしたかという、ドキュメンタリー映画がありました。これはたしか『十三階段への道』(60年/ドイツ)という題名の映画だったと記憶しています。

「十三階段」というのは、絞首刑台の階段が十三段なのです。それが凄《すさ》まじい映画でして、小林秀雄氏(一九〇二〜一九八三/評論家)が「なぜ日本人はこんなおどろおどろしい映画を、行列を作ってまで観《み》るのか」という評論を書いておられましたが、それほど目を覆《おお》うばかりの悲惨な映画でした。

私は氏の文章を読みながら、「なぜ行列を作ってまで観ようとするのか。そこに、観なくてはいけない……ヒトラーの、ナチズムの犯した罪を、私と同じ人間の犯した罪として直視することでしか、人間としての良心の回復は有り得ない、そういう感性が日本人の中にあるのだ」ということを、おぼろげながら感じたことでありました。

私の実家では、親兄弟が親鸞聖人のみ教《おし》えを建学精神にして、私学経営をしていたものですから、私の幼児教育の中にお念仏の文化があったわけです。広島からお寺さんが来られまして、二カ月に一回位は会座《えざ》（法座《ほうざ》）がありました。

私は中高生頃から自然科学が大変好きになりまして、そちらの方へ進学しました。だいたい十五歳頃からは仏教に見向きもしなくなったのであります。しかし二十歳を過ぎてから、今のような経緯で深い挫折感を体験して、それで初めて幼児教育で植え付けられたものが復活したと申しましょうか。ある時、父の書架から金子大榮先生

（一八八一～一九七六／真宗大谷派の僧・仏教学者。大谷大学名誉教授）の『歎異抄《たんにしょう》』の解説書を繙《ひもと》いたのが、私の主体的な仏教との出遇《であ》いでありました。

二十一世紀の危機

自己紹介はこの程度にしまして、「今世紀の危機」とはいったいどういうことかと申しますと、それには三つあります。

一つは、家庭電化製品が人間形成の道場を破壊したということであります。いま、子どもたちはさまざまな問題現象を起こしております。いじめ、不登校、集団自殺、集団非行、暴力等々……。先日ある事件の会見で警察署長が「普通の子がこれほどの事件を起こす、そのギャップに驚いている」ということを言っておられました。ですが、この問題は、実はずっと……ここ二〇～三〇年は続いているわけです。それでこの三〇年の間に、子どもの教育環境に、いったい何が起こったのか、どういう社会変化が生じたのかということを考えてみますと、家庭電化製品が普及したということがあります。

私には学校の先生になった教え子が何人もいるのですが、彼らは「最近の家庭教育はなっとらん。親が全然躾《しつけ》をしていない」と言います。一方、保護者の方では「最近の学校の先生はなっとらん」と言います。「心の教育をやってくれない」と、こう申すわけです。どちらも当たっていませんね。今の親御《おやご》さんは、われわれの頃よりはるかに子どもたちの教育に熱心ですし、教育費もずいぶんかけていると思います。ですから、今の若者にも素晴らしい人たちをたくさん見受けます。

アテネオリンピック(04年)の代表選手は、男性一一〇人、女性が約一七〇人――過去最大の選手団であると報道されておりました。このように、陸上、水泳のみならず、サッカーにしろ、野球にしろ、スポーツの世界で若者が頑張っておりますが、われわれ科学技術の世界でも、若者の活躍に顕著なものがあります。私の教え子たちにしましても、二十代後半で国際会議に出席する者もおります。われわれの頃は、だいたい四十歳くらいにならないと国際舞台には登場できませんでした。一つには飛行機のチケット代が非常に高かった所為《せい》もありますが。優秀な若者たちが、よく頑張って国際的に活躍してくれております。

けれども一方で、若者による悲惨な事件が起こり続けています。不登校などの問題は裾野であって、今の青少年の凶悪犯罪は、太平洋戦争直後よりも多いくらいなのです。なぜこういうことが起こるのか……。親御さんは一生懸命頑張っておられるし、学校の先生も、われわれの子どもの頃の先生方と比べても、朝早くから夜遅くまで勤務しておられます。今の日本で一番厳しい職業は中学校の先生であると言われるほど、学校の先生方は頑張っていらっしゃるのです。それにもかかわらずどうしてこうなるのか……。

最近の研究では、人類の歴史は七〇〇万年と言われております。七〇〇万年の間に二〇種の人類が現れては消え、二〇万年前に出現したホモサピエンス一種のみ現存しているということです。七〇〇万年あるいは二〇万年の人類の歴史は、大変な家事労働と共にあったに違いありません。

「プロジェクトX」（NHK／02年）というテレビ番組によりますと、家庭の主婦が一年間に洗濯する量は象一頭分であったということです。それも洗濯板を使って手でごしごしと洗うのですね。私の母は短大の先生をしておりましたが、家族の誰よりも早く起きて誰よりも遅く寝ておりました。遅く寝る理由は、風呂の残り湯で家族の衣類を洗濯していたからです。「プロジェクトX」の電気洗濯機開発の番組を観ながら、あの母の思い出がよみがえったことです。やはり家事労働は大変でした。家事労働が大変であるということは、子どもたちは、その重要な分担者であったのです。

考えてみますと、先進国はいずれも教育問題で困っております。子どもの問題現象というのは先進国共通のようです。たった一つ、「ひきこもり」は日本だけだそうです。なぜ日本だけに見られるのかというのは重大な問題だったのですけれども、斎藤茂太（一九一六〜二〇〇六／歌人・精神科医の斎藤茂吉の長男）という精神科のお医者さんが、最近言っておられました。韓国も先進国の仲間入りを始めている。すると韓国にも「ひきこもり」が発生しだした。つまり日本と韓国に共通する文化がある。それは儒教文化だというのです。

儒教文化は親孝行を重視するところに特徴があるようですが、これが厳しさを欠いてくると、親子関係が密着関係になる。親は子離れができない。子は親離れができない。これが「ひきこもり」の文化的な背景にあるということを仰《おつしや》っておられました。なるほどと思うところです。

これは私の推測ですが、親子関係が甘くなる背景に、家庭電化製品の普及によって子どもたちが家事労働を担う必要がなくなったということがあると思われます。そして、子どもたちにとって、家庭は人間形成の場所でなくなる可能性が大になります。

長い人類史において、家庭は親が子どもたちと家事を共にすることによって「小さな善を勧め、小さな悪を戒《いまし》める」人間形成の道場を意味していました。これは電化製品の普及と共に、失われたといえます。今の親が家庭教育と思い込んでいるのは、学校教育の延長にほかなりません。

❖科学技術の発展と人間形成

二十世紀初めに、ヨーロッパの科学者は「科学技術の発展によって、地球上から貧困と差別をなくす」と宣言しました。そうして努力して今日に至ったのです。日本の科学技術者の貢献も、二十世紀半ばから顕著なものがあります。

確かに科学技術の発展には「貧困と差別をなくす」という使命があり、そしてそれが果たされてきていることも確かです。しかしながら、一方で大量破壊兵器を作って、一つの世紀に四六一二万人もの人が殺されていきました。恐るべき数字です。そのうちの六〇％がアジア人です。これも科学技術のもたらした側面であることを忘れてはなりません。

映画監督の宮崎駿氏（一九四一〜）が『もののけ姫』（スタジオジブリ／97年）の中で、〝踏《た》鞴《たら》工場の女ボス〟を描いてみせましたが、あれは科学技術のシンボルです。「あぁ、宮崎駿さんってよく知っているなぁ」と思いました。あの踏鞴工場の様子は、二十世紀初頭の科学者の「科学技術の発展によって、地球上から貧困と差別をなくす」という宣言にルーツがあります。この使命は今も変わらないと思います。そして今後も変わらないでしょう。けれども一方で、科学技術の発展が子どもたちの人間形成の場を破壊してしまったという事実がある。家庭電化製品の普及による家事労働の喪失が、先進国に共通する教育問題の本当の原因だと思います。

広島大学教育学部の名誉教授の沖原《おきはら》豊《ゆたか》先生（一九二四〜）は、『学校掃除――その人間形成的役割――』（学事出版／78年）という書物を著して、子どもたちに掃除をさせるというのは、仏教国——たとえば日本とタイの学校で行われていることをご指摘になり、学校教育における〝掃除〟の重要性を教えておられます。ヨーロッパに招待講演もなさっています。これをヒントに、現代の危機の問題の一つを考えているのであります。したがって、親の後ろ姿を子どもたちに見せようと、個人がどれだけ一生懸命努力いたしましても、家事労働の喪失という状況の下ではうまくいかないのです。なぜでしょうか……。

いま家庭で子どもに要求することは、昔のように薪《まき》割りではありません。草取りや雑巾《ぞうきん》がけや、買い物の手伝いでもないのです。子どもに言うことは、〝宿題しなさい〟か、〝学習塾に行きなさい〟か、〝サッカークラブの練習に行きなさい〟か、です。これしかありませんでしょう？

子どもたちにとって家から一歩外に出るということは、成功の場所であったり、失敗の恐怖の場所であったりするわけです。子どもたちはそういう「成功か失敗か」という極めて単純な〝ものさし〟を当てられて、いのちを計《はか》られている。これはたまらないと思います。私がいま仮に高校生だったら、もしかしたら隣の誰かの頭を金槌《かなづち》で殴《なぐ》りたくなるような衝動に駆《か》られていたかもしれない。これはニヒリズムですよ。

二〇万年のわれわれ人類の歴史は、家事労働を親子が共有することによって、必然的に人間の子が人間として見事に育てられた歴史でありました。それは人間形成の場所であったと同時に、深い伝統宗教の醸成の場所でありました。それが科学技術の発展に伴って失われてきたということは、子どもの教育の危機であると同時に、科学技術の人材提供の場が失われるというジレンマでもあるのです。

これは、伝統宗教の基盤となった宗教的情操教育の場所が失われるという意味で、伝統宗教にとっても重大な危機であると思います。これが今世紀の危機の第一であります。

✦能力主義と理想主義

第二は、能力主義という、誰も反対できない差別が始まったということです。

人類は長い間、貧困を原因とする差別で苦しんでまいりました。ですが、たとえば日本に住んでいる人は、どうやら科学技術のおかげで物質的にあるレベル以上の豊かな生活を保障されているのです。その保障はどういう仕組みかと申しますと、篩《ふるい》にかけて能力ある者を登用して、頑張らせる。篩《ふる》い落されたものは、それでもある程度の生活は保障されている――こういうメカニズムがあるわけです。そのために誰も反対できないのです。それが〝リストラ〟の意味するところです。

リストラを誰が始めたかというと、イギリスのサッチャー元首相（在任：一九七九～一九九〇）なのです。サッチャーさんは〝カット、カット〟の合理化でイギリスを建て直したのです。

その頃、社会学者であり、学校の経営者であったマイケル・ヤング（一九一五〜二〇〇二）が、「メリトクラシー（Merit-cracy）ということを言いました。これは、経済的メリット追求という単純な価値に支配された国家という意味です。

すべてのものに「メリットか、デメリットか」という〝ものさし〟を当てて、〝メリットあるものを登用してデメリットは切り捨てる〟という現代社会のあり方を批判し、〝デモクラシー〟を捩《もじ》って、マイケル・ヤングが造った言葉です。英語の辞書を引いても載っておりません。彼の著作に『メリトクラシー』という書物がありまして、至誠堂選書から翻訳されて出版されております（82年）。

東京大学教育学部の堀尾輝久教授（一九三三〜／現同大学名誉教授）が仰《おつしや》るには、この「メリトクラシー」は能力主義と効率主義に繋《つな》がり、まさに資本主義社会を成り立たせるメカニズムなのです。マイケル・ヤングが言うには、それでは教育が成り立たない。教育というのは本来、メリット／デメリットという〝ものさし〟にそぐわないものである。無駄なことをしっかりやらないと人間は育たないのです。

そして堀尾輝久氏は、その「メリトクラシー」の最も優秀な担い手が世のお母さん方なのだと仰る。なぜならお母さん方は、世の中の雰囲気を敏感に反映する形で自分の子どもに愛情表現をしていくのです。世の中が能力主義、効率主義の社会だったら、それに乗り遅れてはならんという形で親の愛情が表現されてくる。そこでお母さんは(先ほど言いましたように、子どもにとっては「成功か失敗か」という〝ものさし〟にしか見えない)「メリトクラシー」の〝ものさし〟を当て続ける。能力主義に遅れてはならん、能力主義の企業化社会へのエスカレーターに何とか自分の子どもを乗せようという形で努力することを惜しまない。よって「メリトクラシー」の最も優秀な担い手はお母さん方だというのが、堀尾先生のご指摘です。仰《おつしや》るとおりです。

私が思いますには、東京大学というのは、他の大学と違ったところがありまして、国家行政に影響力を持った大学なのです。われわれ大学人は、「チェック・アンド・

バランス」と申しまして、国家行政を批判する機能を持っておりますが、東京大学だけは、どうも国家行政に密着し、協力するという伝統があるように思います。

これは私の推量に過ぎませんけれども、堀尾先生の考えが文部科学省の「ゆとり教育」路線のルーツではないかと思われるのです。私は「ゆとり教育」は失敗するだろうと思っておりました。と申しますのは、「メリトクラシー」は、問題はあるけれども止《や》められないのです。そのことをご記憶いただきたい。最初の問題は、家庭電化製品の普及が人間形成の場所を破壊してしまったということです。だからといって、それなら家庭電化製品を使うことを止められるでしょうか。

私の教え子は世界トップクラスの有力企業に就職して、半導体を作ったり家庭電化製品を作ったりしています。今の家庭電化製品にはみんなマイクロコンピューターが搭載されている。私の教え子が開発した半導体が使われているのですね。そして私は、家庭電化製品大好き人間です。

教え子が言うのです。……先生、いいロボットが開発されましたよ。〝掃除ロボット〟です。このフロアーの隅に掃除機を置いておいて、ボタンをポンと押す。そうすると、その掃除機は、このフロアー中を綺麗に掃除して、済んだら元の位置に戻って、自分でスイッチを切るのです。これはいいですね。これは助かる。

ということは、われわれは家庭電化製品が人間形成の場所を奪ってしまったと言うけれども、家庭電化製品の使用は止められないということです。今世紀は私どもの家庭の中に家事ロボットが入ってきます。人間形成の道場の破壊が、いよいよエスカレートしていくのは間違いない。それと同じように、「メリトクラシー」というのは生産性にとって欠かせない一つの〝ルーチンワーク〟でありますから、これも止められないのです。

「ゆとり教育」をやってもらっては、われわれ科学技術の関係者は困ります。高等学校までしっかり数学の教育をやっておいてもらわないと、大学に入ってもう一回高校の数学をやり直さなければならないという状況は、困るのです。

世界が競争相手ですからね。日本は石油も出ません、鉄も出ません。人工衛星から見たら、日本はほとんど山岳地帯です。日本の良いところは〝緑〟に覆《おお》われていることですが、その〝緑〟は山岳地帯を意味していて、農耕地ではないのです。農地は猫の額《ひたい》ほどにすぎない。つまり日本の国力はまさに科学技術力で保たれているわけですから、「ゆとり教育」をやられたのでは、われわれは困るのです。ですから「メリトクラシー」は非常に深刻な問題を来たしているけれども、これも止《や》められないことがおわかりでしょう。

そして、三つ目の危機は、理想主義のもつエゴイズムの問題であります。

いま、「アメリカン・スタンダード」のグローバリズムというものが批判を浴びております。「アメリカン・スタンダード」という言葉は措いておきまして、グローバリズムということを考えてみますと、これは湯川秀樹先生（一九〇七〜一九八一／理論物理学者。京都大学・大阪大学名誉教授）が、晩年、奥さんと共に願われ、提唱なさった〝世界連邦〟に繋がる思想です。グローバリズムには、〝地球は一つ〟〝世界連邦として地球上から戦争をなくそう〟という理念があり、決して民族の個別性を否定するものではありません。核兵器廃絶のためにも、また今世紀に避けられない食糧問題への取り組みのためにも、世界連邦としての地球ネットワークの構築は、ぜひとも実現されねばなりません。けれども、本来〝世界連邦〟という平和の理念であったはずのグローバリズムが発展途上国に不公平感を生み、それらの国々には先進国のエゴイズムにしか見えていないという問題があるのです。

このような問題を考えるとき、思われますのは、経済成長、あるいは科学技術の発展というのは、ことごとく右肩上がりの理想主義であることです。われわれはここ数年来、非常に苦しんでいます。不況が長引いたせいで、年間三万数千人が自ら命を絶っております。昨年（03年）のイラク戦争でも死者は約一万人です。ところが、わが国では一年間に三万数千人が自死していて、これはもう五年続いております。

人間の命をこういう大雑把な数字で申し上げるというのは甚だ不遜なことではありますが、ここ数年で一六〜一七万人の人が自ら命を絶っていることになります。これは長引く経済不況の所為です。何としても日本は経済不況を建て直して、多くの人にやり甲斐のある生活を取り戻してもらわないと、この自死者は減らないでしょう。われわれの右肩上がりの理想主義というのは、極めて深刻なエゴイズムの問題を抱えており、決定的な挫折の問題はありますが、今から申し上げるように止《や》められないのです。

✤私の二十代の危機

ここまで今世紀に直面する三つの危機を申し上げましたが、それらに共通するのは、「大変な問題がある。けれども、それを止めることができない」ということです。止めることのできない問題ほど深刻な危機はありません。

それで、実は私が二十代の初めに『歎異抄』に出遇《であ》って、どういう形で救われたかと申しますと、止められない事態が救いの縁となっていくということです。止められない事態ほど深刻な悲劇はないのです。

しかし、この悲劇そのものが真実に出遇う縁となってくださる。ここに私の二十代の救いがあったわけでして、私は「今世紀の危機」ということを評論家めいて話すというよりも、「私の二十代の危機」と「今世紀の人類が直面する危機」の間には同じものがあるということを申し上げたいのです。

考えてみますと、親鸞聖人は〝親鸞一人《いちにん》の救いが万人《ばんにん》の救いである〟と仰います。善導大師《ぜんどうだいし》は〝釈尊は、韋提希《いだいけ》一人の救いを通して万人の救いの道を開かれた〟、それが『観無量寿経』の教えであると読みとられ（『観経疏』）、それを親鸞聖人は「善導独《ぜんどうどく》明仏正意《みょうぶつしょうい》」（『正信念仏偈』）とお讃えくださったのでありまして、〝一人の救いが万人

の救いを開く〟という親鸞聖人のご確信は、この『観無量寿経』の教えにあったわけです（『教行信証』総序）。それが、

弥陀《みだ》の五劫思惟《ごこうしゆい》の願《がん》をよくよく案《あん》ずれば、親鸞一人《しんらんいちにん》がためなりけり。さればそくばくの業《ごう》をもちける身《み》にてありけるを、たすけんとおぼしめしたちける本願《ほんがん》のかたじけなさよ

と、親鸞聖人のお言葉を伝える『歎異抄』（後序）に著されています。

「そくばくの業」とは、藤　秀璻《ふじしゅうすい》先生（一八八五〜一九八三／本願寺派徳応寺住職・広島文理科大学〔現広島大学〕講師）の『歎異抄講讃』（百華苑／33年）によりますと、この時代、底莫を「そくばく」と読んだそうですから、底《そこ》が莫《ばく》として知られない、〝曠劫《こうごう》より蓄積されて参った業〟という意味でありましょう。つまり存在そのものが悲劇であるのです。避けられないということは、存在そのものに関わる悲劇だということです。止《や》めることができない。若い連中は「わかっちゃいるけど止められない」と言いますけ

れども、止められない問題こそ……。

止められない問題の持つ危機の自覚を「実存的苦悩《じつぞんてきくのう》」と申します。人間の実存そのものに関わる悲劇。釈尊は、その悲劇そのものを縁として真実の救いを開きたもうてあった。そのことを申し上げたいのであります。

考えてみますと、私は二十代の頃、具体的には平和運動の挫折感、そしてアウシュビッツの悲劇を目の当たりにした衝撃で、人間不信に陥ったということがあるのですが、今になって振り返ってみますと、ものごとを計るということは、自分の命さえも計ってしまう。そこから生じる虚無《きょむ》感《かん》というものがあったのですね。

「素粒子物理学」という目に見えない世界の探究は、前世紀後半、〝ビッグバン宇宙〟まで探り当てるに至りました。現在の宇宙は、四種の力に支配されています。〝重力〟と〝電磁力〟は、皆さん、ご承知のものですね。放射性元素の崩壊を支配する力を〝弱い相互作用〟と言います。物質を構成する原子は原子核とそれをとりまく電子雲からできていますが、陽子や中性子を結びつけて原子核を構成する力を〝強い相互作用〟と言います。

筑波やシカゴの郊外に巨大な加速器を建設しまして、電子や陽子を加速し、一〇〇ボルトの一〜一〇億倍といった高エネルギーの粒子線を造って衝突させ、物質の相互作用の性質が詳しく調べられました。最初に発見されたのは、衝突のエネルギーを上げていくと〝弱い相互作用〟がだんだん強くなって〝電磁力〟と一つになることでした。次に、〝強い相互作用〟もだんだん弱くなり、その延長が〝電磁力〟の強さに漸近するということがわかりました。さらに超高エネルギーになると、四種の力はどうも一つになるということが判明してきたのです。

これはいったい、何を意味するのか。さまざまな観測事実から、それまで考えられていた〝定常宇宙論〟が覆《くつがえ》されて、〝ビッグバン宇宙〟が本当だということが判明してきたのです。

ビッグバンとは、大爆発という意味です。宇宙は、初め質量を持たない小さな凝縮物だった。それが、一〇〇億年から一五〇億年前、大爆発を始め、その中に質量や電荷を持った粒子が生まれ、遂に陽子が誕生し、四種の力に支配される現在の宇宙の源が約一秒の間に形成されたという、驚くべき事実が解き明かされてまいりました。私の研究は、ビッグバン直後の陽子の誕生を、シカゴのアルゴンヌ研究所の観測データの中から特定するという仕事に関わらせていただくことができたのです。

科学研究は極めて感動的な……〝人間というのはここまで知りうるのか、繙《ひもと》きうるのか〟という感動に満ちた学問であることには間違いないのです。けれども、それとは裏腹に、ものを計ることによって、自分の命さえも計られてしまう……。「その計られた自分の命とは、いったい何なのか」という深い虚無感を覚えないではいられないのです。その虚無感が私の求道の出発点であったわけであり、研究を続けていくにつれ、虚無の恐ろしさは究極まで達してしまったのであります。

現代は虚無《きょむ》に覆《おお》われた時代と申せましょう。それは、世界観としてのみならず、物欲の満足がすべてのような雰囲気の学歴社会を生きるという事態が、子どもたちの上に虚無的な人生観を投影しているという問題があります。

たとえば、何年か前に、名古屋の高校生が隣のおじさんとおばさんの頭を金槌で殴《なぐ》るという事件がありました。その子のお父さんは学校の先生、お祖父さんも学校の先生。非常に恵まれた環境で育って、本人もトップクラスの大学に合格するほどの成績をあげていた。それが理由もなく人を殺したくなるという事態です。

これは虚無ですよ。〝ニヒリズム〟です。単純に「勉強しなさい、勉強しなさい」と尻をたたかれて生きるという事態は、人の子をして〝ニヒリズム〟に追い込んでいくのですね。

✦知性中心主義と理性中心主義

親鸞聖人の御消息《ごしょうそく》（手紙）によりますと、親鸞聖人は八十四歳で御子息善鸞《ぜんらん》を義絶《ぎぜつ》せざるをえない悲劇に出遭《であ》われます。それは関東に「造悪無碍《ぞうあくむげ》」の異義者が生まれて、それが鎌倉幕府の代官に逮捕されてしまうという事件が発端でした。これに対して親鸞聖人は、〝(自分自身が）お粗末な悪人と目覚《めざ》めて初めてご本願に遇えるのだから、悪いことを積極的にやったら良いなどということは、以ての外の子細だ〟と仰《おつしや》り、そして〝人間はすでに「貪欲《とんよく》・瞋恚《しんに》・愚痴《ぐち》」という三つの毒――三毒にあたっているのに、そのものに対して、さらに毒を飲めと勧めるのか〟と戒めておられます。

このような内容のお手紙が、『末灯鈔《まっとうしょう》』（二〇通）に伝えられているのですが、そこで心配された親鸞聖人は、わが子善鸞を関東に派遣する。どうやら聖人はこの時、恵《え》信尼《しんに》公とお嬢さんの覚信尼《かくしんに》を関東に残して、息子の善鸞を連れて京都に帰っておられたようでして、「母を助けよ」と、善鸞を関東へ派遣されたようです。

お父さんから使命を負って関東に派遣された善鸞は、あろうことか「念仏申したぐらいでは救われん。良いことをしっかりやらねば救われん」とやったわけです。これは人間の常識、〃無明《むみょう》〃の常識なのですけれども、それを主張した。しかも、この主張を受け入れぬ関東の同行《どうぎょう》を幕府に訴えたようです。その訴状を無効にするという義《ぎ》をもって絶する――、本願の宗教においては、どのように出来の悪いわが子であろうと勘当することはありえないわけで、勘当ではなくて義絶なのですね。義をもって絶する。それは訴状を無効にするという意義があったのでしょう。

この事件には二つの問題があります。一方は「観念派の異義」と言われております。異義というのは、真実の義に異なるという意味ですね。これは藤秀璻先生が仰《おっしゃ》ってられます（前掲書六〇二頁〜）が、「観念派の異義」というのは、学問ばかり追求していくと、ニヒリズムに陥るということです。今の高校生の事件がそれを見事にわれわれに衝《つ》き付けているのです。

もう一方は善鸞の問題です。これは「賢善《けんぜん》派の異義」と仰っておられます。「賢善」というのは、賢く善を頑張るというのです。善鸞の異義……、これは「ニヒリズムに対して何か」ということを考えさせられるのです。

私の仏道の師は化学者であり、戦後の大学仏教青年会運動の先駆者であった方ですが、この方が、観念派の異義を「知性中心主義」と言ってみてはどうかと仰いました。つまり仏智《ぶっち》を知性で計る異義ですね。そして、賢善派の異義を「理性中心主義」としてはどうかと申されました。理性というのは、人間の倫理・道徳を重んずる心ですね。

今回は、これについて詳しく申し上げる時間がありませんが、『生きるための歎異抄』（法藏館・聞法ブックス5／01年）でお話しています。そちらをご参照いただければ幸いに存じます。

知性中心主義の代表選手は〝隣のおじさん、おばさんを金槌で殴りたくなる高校生〟でしょう。とても勉強のできる高校生であったようです。また、理性中心主義の代表選手は大学の先生なのですよ。大学の先生は頭で頑張っていると思われますが、そうではありません。理想主義で頑張っておられる。頭脳労働は、もう訓練を積んでいますから苦にならないのです。専ら自分を励ましているのは理想主義なのです。

そして理想主義の末路は、ヘミングウェイ（一八九九〜一九六一／作家）が象徴的です。ノーベル文学賞を貰った後に鬱《うつ》病になりました。これは自分の創作活動が理想通りにいかないという苦しみですね。心配した奥さんがキューバに別荘を買って、ヘミングウェイを療養に連れて行こうとするのですが、最愛の奥さんの目の前で飛行機のプロペラに向かって身を投げようとした。その時は止められましたが、結局、彼は鬱病で自殺したのです。

いま、先進国では鬱病が非常に多いのです。中でも日本が一番多い。精神科の若いお医者さんが、日本人はどうも鬱病に罹《かか》りやすい遺伝子を持っているのではないかと言いました。これは迷信だと思います。こういうのを〝科学的迷信〟と言うのです。日本人には善鸞さんのような〝賢善精進型《けんぜんしょうじん》〟が多い。日本人がハードワーカーであることは、海外に知れ渡っています。それは気候風土から生まれた生活文化ではないでしょうか。この賢善派の末路は鬱病なのです。鬱病を避けるためにはどうしたらいいいか？　善鸞さんは祈禱《きとう》宗教、お祈りの宗教に奔《はし》った。夏目漱石（一八六七～一九一六／作家・英文学者）は『行人』という小説の中で言っています。「気が狂うか、宗教に入るか、二つに一つだ」と。どうも、この主人公の台詞《せりふ》の宗教は〝祈りの宗教〟ですね。これは、賢善派の異義の末路を言い当てていると思われます。

ご晩年の親鸞聖人の弟子による聞書の書『歎異抄』に伝えられる、いわゆる賢善派の異義と観念派の異義、この一方を「理性中心主義」、一方を「知性中心主義」と表現いたしますと、現代の私どもの悲劇とまったく共通しているということが思われてならないのであります。

司馬遼太郎氏（一九二三〜一九九六／作家）は、日本の近代化は八〇〇年前の鎌倉時代だと言っておりますが、この指摘は当たっていると思います。われわれは日本の近代化は明治維新だと思っていましたが、司馬遼太郎はそうではないと言う。庶民が土地を持つようになって、それを守ることによって自分の力量を客観的に評価する〝リアリズム〟の能力を身に付けたと彼は言うのです。

もう一つは、評論家の亀井勝一郎氏（一九〇七〜一九六六）が、日本の宗教革命を起こしたのは法然聖人だと言っています。法然の『選択本願念仏集』が日本仏教を変えたと仰《おつしや》っています（『日本人の精神史』講談社学術文庫／85年）。それまで〝国家の宗教〟だったのが、法然によって〝個としての自覚の宗教〟に変わったのです。そこから、栄西、親鸞、道元、日蓮、一遍……と〝個としての自覚の宗教〟運動が弘まっていくのですね。これが日本の近代化なのです。

それで、この時代の近代化ということは、同時に現代の悲劇がこの時代に起こっているということを思わねばならないのです。そこに『歎異抄』が〝人類永遠の聖典〟と言われる意味合いがあろうかと思います。八〇〇年前に起こった悲劇は、実は、未来永劫、人間の抱え続けるであろう悲劇を意味しているということが、思われてならないのであります。

❖西田哲学と二種深信

では人間の実存に関わる悲劇、それが真実の救いの縁となっていくということは、いったいどうすれば可能なのであろうか、ということが思われるのですが、西田幾多郎（一八七〇～一九四五／哲学者・京都帝国大学教授）先生の説かれた「絶対矛盾的自己同一」ということを用いて申し上げてみたいと思います。

私は、自分自身における真実の救いということにおいて、この西田先生の「絶対矛盾的自己同一」という言葉に若い頃から非常に関心がありました。哲学的には「弁証法」という論理学があり、西田先生はヘーゲルの弁証法を批判していらっしゃいますから、西田先生独自の弁証法があるようです。

専門的なことは専門家にお任せすることにしまして、かねて申し上げたくてもなかなか言えなかったことが、やっと陽の目を見る形で申し上げられる示唆を得たのです。

平成十五（二〇〇三）年の九月に広島大学において「真宗保育学会」が開催されました。その際、私はシンポジウムを企画し、司会をさせていただきまして、大峯《おおみね》顯《あきら》先生（一九二九〜／宗教学者・俳人。大阪大学名誉教授）にパネラーとしてご参加いただきました。

その時に大峯先生は、「西田幾多郎先生の『絶対矛盾的自己同一』には二つの意味がある。一つは目覚め（私どもの目覚めです）。もう一つは存在そのものの構造という意味がある」ということを仰《おつしや》いました。これで、私が今まで言いたかったことが陽の目を見ることができるように思いました。大峯先生は最近まで本願寺派の教学研究所長でいらっしゃいました。

「絶対矛盾的自己同一」の目覚めというのは、これは善導大師の「二種深信《にしゆじんしん》」ですね。善導大師の二種深信は、「一には決定《けつじよう》して深く自身は現にこれ罪悪生死の凡夫、曠劫《こうごう》より已来《このかた》常に没《もつ》し、常に流転して、出離《しゆつり》の縁あることなしと信ず」と、「二には決定して深く、かの阿弥陀仏の、四十八願は衆生を摂受《しようじゆ》したまうこと、疑《うたがい》なく慮《おもんばか》りなく彼の願力に乗じてさだめて往生を得と信ず」（『観経疏』散善義）とこのように仰っているわけです。『歎異抄』では「地獄は一定《いちじよう》すみかぞかし。弥陀の本願まことにおわしまさば……」なのですね。

このお言葉について、私には忘れられない想い出があります。あのアウシュビッツの地獄に恐怖して仏教を求め、先ほど申し上げたような挫折感から『歎異抄』を繙《ひもと》くようになりました。ところが「地獄は一定すみかぞかし」と言われたのでは、私は仏教を求める理由がなくなる。だから、この『歎異抄』第二条のお言葉は読まなかったことにして、通り過ぎていたのです。

ところが、あるおばあさんが教えてくださいました。そのおばあさんは後でわかったのですが、戦前は小学校の先生をしておられたのです。原爆ですべてを失われて、そして戦後は聞法道場の炊事婦になられた。聞法に徹底された方だったのです。

そのおばあさんがある時、広島の平和公園の公会堂で、新劇の俳優さんによる、親鸞聖人の生涯を演じた劇をご覧になって帰ってこられて、えらく機嫌が悪いのです。プンプン怒っていらっしゃる。

「親鸞聖人の劇を観て、何に腹を立てていらっしゃるのですか?」と私が訊《き》きましたら、おばあさんは「親鸞を演じた俳優さんが、舞台の真ん中で『地獄は一定すみかぞかし!』と大声で怒鳴った」と。まるで地団太を踏まんばかりに、怒った顔をして、「大声で怒鳴った」というのです。「あれは間違っている、あれは違う」と盛んに仰《おっしゃ》る。

私は地獄の沙汰が嫌で仏教を求めたのに、なぜ親鸞聖人は「地獄は一定すみかぞかし」と仰るのかわからないから、かねてそこは問題があると思って避けて通っていたのです。私は、「それじゃあ、あそこはどう表現したらいいのですか?」と質問しました。そうしたら、こう仰った。

「あそこはね、『地獄は一定すみかぞかし』で終わっちゃいけない。『弥陀の本願まことにおわします』……しかも、にっこり微笑《ほほえ》んで、『地獄は一定すみかぞかし。弥陀の本願まことにおわします』こう仰らにゃいけん。そうして、『南無阿弥陀仏』と仰ったにちがいない」と。

結婚する二年ほど前のことですから、私は二十六歳位でした――よく憶《おぼ》えています。「あぁ、そうだったのか……」。目から鱗《うろこ》が落ちるとはこのことでしょう。これは理屈抜きの直感でした。本当に嬉しかった。そのおばあさんは、一生涯結婚もなさらずに聞法され、一人お念仏を申しながら往生浄土のご一生を終えていかれた方でした。

なるほど……これが「絶対矛盾的自己同一」であったか……。この「自己同一」というのは存在そのものなのですね。しかし「絶対の矛盾」なのです。「地獄は一定すみかぞかし」という肯《うなず》きと「弥陀の本願まことにおわします」という肯きが「絶対の矛盾」なのです。両者は絶対に相容れない肯きなのです。けれどもそれが人間存在なのですね。

それはまさに全身からいのちが輝いています。「いのちの輝きというのは、こういうことなんだなぁ」と、そのおばあさんに教えてもらいました。

その後、感動のあまり、あちらこちらで善導大師の「二種深信」がわかったと言って廻っていましたら、ある先生から「松田くん、君にはまだ早いで」と注意されました。「先生、それはどういう意味ですか？　僕はかくかくしかじかの理由でわかったのです」と申しあげましたら、「君の生い立ちをワシはよう知っとるがのぉ。どうみても人生の霜《しも》に当たるには早すぎる。柿の実は十月の霜に当たって初めて赤々と熟すのだよ」と言われました。「〝九月の柿が赤い〟と言うのは、それは虫喰いやわ」ってこうやられました。

以来、私は「二種深信」を語ることを止《や》めたのでありますが、今年で六十五歳になりまして、「天下晴れて十分霜に当たったかなぁ。まだまだ足らんかなぁ」と思いながら申させていただいております。今なら、ご注意くださったあの先生にお許しをいただけるだろうかと思います。「人生の霜に当たって初めて、赤々と熟す。それが親鸞聖人晩年の『歎異抄』の心ぞ」と、ご注意いただきました。それで、これが西田幾多郎先生の「絶対矛盾的自己同一」の目覚めということであろうかと思うのです。

真実に遇う大地

もう一方、伝統の宗学に文句をつけるわけではなく、「私が救われた」という意味で申し上げます。それは『教行信証』は「教巻」「行巻」「信巻」「証巻」――これは「四法《しほう》」と申しまして、四つの法を語られており、その後に「真仏土巻《しんぶつど》」と「化身土《けしんど》巻」が付いております。親鸞聖人は、この「四法二土《しほうにど》」で大乗仏教を私どもに開いてくださったわけでありますが、私は四十歳頃、この「二土」の問題で「化身土巻」を拝読いたしまして、救われたなぁと思ったのです。

それはどういうことかと申しますと、私の専門は科学研究です。そして私の教え子たちも科学技術の担い手です。今日よりも明日、明日よりも明後日と実力アップ……日々右肩上がりで、頑張らせないといけないのです。まさに賢善精進です。ですが、私は浄土真宗の御法《おみのり》に出遇えたからといって賢善精進を止められないのです。それが私の実存なのです。ここのところはお寺さんと違うと思いますが、私は親鸞聖人のみ教えに出遇えたからといって、科学技術の研究者であることを止められない。そして毎日、科学技術の担い手である学生たちを教育することを止めてはならないのです。

これは先ほど申し上げた、今世紀の危機の問題とよく似ていませんか？　それで化身土の中に、この賢善精進の人も入っているのです。科学技術的な世界観というのは

「外道(げどう)」です。曇鸞大師は「外道の相善(しょうぜん)」(『往生論註』浄土論大綱)と仰いますが、私などはこの「外道の相善」を生業《なりわい》として生きているのです。それが化身土の中に含まれていた。他力の宗教とはいったい何か……。一切を摂取して捨てたまわず――これは摂取不捨の宗教です。排除の論理ではなかったのです。

最初に申し上げた通り、私はイデオロギー闘争の盛んな時代を生きてきました。社会主義全盛期……。社会主義の総本山であるソビエト連邦が崩壊するとは夢にも思わなかった……。

崩壊して東西の冷戦が終わって、今度はグローバリズムに対して警鐘が鳴らされ始めました。要するにグローバリズムというのは伝統を壊しますから、伝統的な生活を壊されたくない人びともいるのです。科学技術自体が、グローバルな性質を持っていますから、私の生業は伝統を壊す職業でもあるわけです。けれども私は伝統によって生かされている。ここに絶対の矛盾があるのです。

実は人間存在とは、そのような絶対の矛盾を抱えている存在なのですね。そのことが照らし出されるということが救いなのだ、と親鸞聖人は教えておられるのではないでしょうか。

つまり私の生き様、私の職業は、五濁煩悩《ごじょくぼんのう》に汚れきった娑婆《しゃば》のただ中なのです。ところが真仏土に包まれて、化身の大地に生かされてあった。モノそのものは変わっていないにもかかわらず、まったく意味が変わっていたのです。問題は気付くかどうかなのです。すでにして真仏土によってこの五濁悪世が包摂されている。そこに娑婆が、五濁悪世が、往生浄土に向けて〝限りなく変革されていく大地〟という意味を持たされていたわけです。

「化身土」という言葉を、鈴木大拙先生（一八七〇～一九六六／禅僧・仏教学者）は、“Land《ランド》 of《オブ》 Transformation《トランスフォーメイション》 Body《ボディ》”と訳しておられるのです。“Body”……「化身土」の「身」を“Body”と訳されているのですね。「ボディ」というのは私どもの身のことです。教育学者は「人間生成」と言わないで「人間形成＝Human《ヒューマン》 Development《ディベロプメント》」と言うのです。まさに人間の子どもたちが人間として、身柄全体が成長せしめられていくということなのです。

なぜ親鸞聖人は、ここでは「浄土」と仰《おつしや》らないで「真仏土」と仰るのかということを思うのですが、それは、「真仏土」というのは〝真実の願心《がんしん》の世界〟なのです。それが一切を包んでいる。するとこの悲劇そのもの、捨ててしまいたいような、どうにもならない五濁の娑婆が、〝真実に遇うべき大地〟であるということなのでしょう。

長崎の小学六年生の少女の事件（二〇〇四年六月一日、佐世保市内の小学校で、当時六年生の女児が同級生の女児によって殺害された）は、あまりにもかわいそうで、その夜、私は眠れませんでした。あれは友への愛着―自己嫌悪、自己愛着―友の嫌悪と、その間を揺れ動く時期に起こった事件だと思います。精神的に不安定な思春期特有の事件かもしれません。

加害児童も被害児童も、元は愛着関係でしょう。〝グループ・アイデンティティ〟から〝セルフ・アイデンティティ〟に移行する過渡期に、感情が不安定に揺れ動く。それがああいう形で事件になってしまった——この不幸な事件は、現代の危機の深刻さを、闇の深さを象徴しているように思われてなりません。

✤アミタクラシー——人間教育の原点

結論として申し上げたいのですが、私は哲学で終わるわけにはいかないのです。私は科学技術を生業《なりわい》としておりますから、具体的に申さないと気が済まない。どれほどそれが矮小化《わいしょうか》であろうともです。

私はマイケル・ヤングの「メリトクラシー（Merit-cracy）」という造語の対極として、阿弥陀仏の用き《はたら》給う世界——「真仏土」と「化身土」を引っ括《くく》めて「アミタクラシー（Amita-cracy）」と言いたい。これはなかなか含蓄があるのです。（サンスクリット語の専門家を前にして甚だ恐縮ですが）“mita《ミタ》”というのは「ものを計る」という意味で、“a《ア》”はその否定です。つまり“Amita”＝「計ることのできない（無量）」ということです。「メリトクラシー」というのは「ものを計る」――「価値か無価値かを計る」ということが世界を統治しているという意味なのです。これは「デモクラシー（Democracy）」と同じ形で造った言葉です。“demo《デモ》”は民衆で、“cracy《クラシー》”とは統治体。つまり「デモクラシー」というのは、民衆が統治する国家です。「メリトクラシー」というのは、メリット・デメリットという“merit《メリット》”＝「価値のものさし」が支配する世界です。

「真仏土」と「化身土」と申しますのは、親鸞聖人の国土観《こくどかん》です。今回のテーマを、初め「親鸞の世界観」としていたのですが、それでは飛躍が過ぎるかと思い、仏語の「国土」に改めた次第なのです。「メリトクラシー」とは真反対なのですね。いわば「メリトクラシー」は「ミタクラシー」で、それを全否定し、「地獄一定すみか」と照らし出す国土が「アミタクラシー」なのです。

この「アミタクラシー」を柱とする幼児教育を享受したお陰《かげ》で、私のような科学研究を生業《なりわい》とする者が、親鸞聖人の教えに救われました。なぜ親鸞聖人に遇うことができたか……。それは幼児教育の賜《たまもの》なのです。私はこの世に「オギャー」と生まれた時から、お念仏を子守唄にして育ちました。物心ついて自然科学が大好きだったものですから、それを職業としたけれども、幼児教育で出遇った如来・聖人のみ教えによって真実の救いに遇うことができました。まさに〝私一人の救いが万人の救いである〟ということを信じてやまないのであります。

私が申しあげたいのは、「アミタクラシー」を柱とする幼児教育、そして「師への邂逅《かいこう》の文化」です。これは先生を大事にするという文化ですが、仏教国では長い伝統だったようです。

沖原豊先生が学長時代にタイの文部省を訪ねられて、文部大臣室に招かれました。

そこにはお仏壇があって、礼拝から執務が始まる。そこで話題になったのが、タイには「先生の日」があるということだったそうです。日本にはまだ出来ていません。

これは先生という〝場〟を尊敬する文化です。先生が立派だから尊敬するのではない。これは〝三宝《さんぼう》まします世界……〟という文化ですね。三宝とは、仏と法と僧を指しますが、場所のことで、個人の問題ではない。「三法まします世界に帰依、礼敬《らいぎょう》したてまつる」というのですね。これが師への邂逅の文化です。

先生を大事にするということは、小さい頃から教えられないと難しいのです。近頃は「あんな先生、尊敬できるか」と言います。これでは駄目なのです。あんな先生じゃない。あんな先生でも活躍できる場がある。その場を大事にすると〝あんな先生〟が〝こんな先生〟へと、先生自身が育てられる場が成就してくるのです。西田幾多郎の「絶対矛盾的自己同一」という言葉は、最晩年の「場所的論理と宗教的世界観」(45年)という非常に難解な論文の中に出てくる言葉なので、大峯顯先生のご解説をいただかないと、私はこのようにお話することができなかったのであります。

最後に申し上げたいのは、亀井勝一郎氏の言われるとおり、日本の宗教は、法然聖人によって「国家の宗教」から「個としての自覚の宗教」に変わりました。これは日本仏教の、日本宗教の近代化です。ひいては日本人の近代化です。そして蓮如上人のお働きによって、法然聖人によって開かれた「個としての自覚の宗教」が日本全国津々浦々に弘められました。なぜこれほど日本国中に「個としての自覚の宗教」が流布・弘通されたか……。それは蓮如上人のお陰です。けれども、それを恐れた徳川幕府によって〝家の宗教〟に変えられたのでしょう。

家の宗教の伝承は、五〇年ほど前まではまだ大丈夫だったのです。けれども、この五〇年間で、日本だけではなく世界中が、あらゆる意味で激変しました。家の宗教は、この激動についていけていないのです。なぜか……。それは私の子どもたちを見ていたらよくわかります。

私は広島大学の仏教青年会・少年錬成会をずっとやってまいりまして、自分の子どもたちも少年錬成会で育てられましたので、子どもたちは仏教精神に触れる機会が多かったのです。ところが私の家の檀那寺には全然執着しません。というのは、このような激動の時代には人の動きが大きいですから、生活の場が移った先のお寺を檀那寺にする――これはもう間違いないですね。つまり家康の作った檀家制度というのは、〝日本の民衆の仏教教団を守ってきた面〟と〝激動についていけない面〟の両方を持っていると申さねばなりません。

そこで「個としての自覚の宗教」とは何かと申しますと、それは〝聞《もん》〟の宗教であります。檀那寺に先祖の墓があるから門徒になるのではないのです。聞いて聞いて聞きぬいて、〝他力の悲願はかくのごときの私一人がため〟との肯《うなず》きによって門徒になっていくのです。それが法然聖人の明かされた仏教であり、蓮如上人が構築された真宗教団の意味でありましょう。この原点に立たないと、もう今世紀は保《も》たないのではないでしょうか。

以上、現代の三つの危機を挙げまして、要するに、私一人の救いの問題が、実は今世紀人類が出遭っていく危機の救いとまったく同質の問題を抱えているということを申し上げたわけであります。

万行《まんぎょう》　諸善《しょぜん》の小路《しょうろ》より
本願一実《ほんがんいちじつ》の大道《たいどう》に
帰入《きにゅう》しぬれば涅槃《ねはん》の
さとりはすなわちひらくなり（『高僧和讃』曇鸞讃）

これは親鸞聖人の高僧和讃の一首でありますが、私はこのご和讃の次第通りに「真実の救いにあずかりつつある」という深甚の感謝の想いをもって、このたびこの壇上

に立つことをお許しいただき、ご静聴たまわりましたことを慶《よろこ》びとする次第でありま
す。

あとがき

この書は、二〇〇四年六月、龍谷大学宗教部主催の第一〇二回顕真館公開講演会において『今世紀の危機を救う親鸞の国土観』と題しての講演録が元になっています。その講演録は、同大学宗教部（部長、大田利生先生）によって書き起こされて、二〇〇五年に出版された『真実を求めて』（顕真館建立二〇周年記念、「りゅうこくブックス」一〇八特別号）に掲載されました。主な人物などの脚注は、宗教部の松崎憲道先生によって書き加えていただいたものです。このたび、一般読者向けに導入部を多少変更して、法藏館の「聞法ブックス」として出版していただくこととなりました。出版をご許可くださった龍谷大学宗教部の先生方には、厚く御礼を申し上げます。

出版に当たり、法藏館の西村七兵衛社長と広島市在住の仏教書編集者・池田顕雄氏には、たいへんお世話になりました。心より御礼申します。

二〇〇七年一〇月

松田正典

松田正典（まつだ　まさのり）
1939年岡山県津山市に生まれる。広島大学理学部物理学科卒業。理学博士（素粒子物理学）。広島大学助教授（総合科学部）、バージニア州立理工科大学客員研究員を経て、広島大学教授（総合科学部）、広島大学大学院教授（生物圏科学研究科、理学研究科）。2002年３月、定年退職。現在、広島大学名誉教授。
1982年に財団法人広島大学仏教青年会設立、同財団理事長。真宗保育学会理事。
著書に『いのちの伝承―若者に語る仏教―』（法藏館）『生きるための歎異抄』（法藏館）『科学文明を生きる人間』（共著、法藏館）『平和と教育』（東本願寺出版部）『近代医療と生命倫理』（共著、医事新報社）。

真実に遇う大地
ひとりふたり‥聞法ブックス 10

2007年11月10日　初版第１刷発行

著者――**松田正典**
発行者――**西村七兵衛**
発行所――株式会社 **法藏館**
〒600-8153
京都市下京区正面通烏丸東入
電話：075-343-5656
振替：01070-3-2743
印刷・製本――立生㈱・㈲清水製本所

ISBN978-4-8318-2140-9　C0015

ひとりふたり‥聞法ブックス

海をこえて響くお念仏　張《チャン》　偉《ウェイ》著　三八一円

やさしく語る　仏教と生命倫理　田代俊孝著　三八一円

ねぇぼくの気持ちわかって　富田富士也著　三八一円

健康であれば幸せか　駒沢　勝著　三八一円

生きるための歎異抄　松田正典著　三八一円

勇気をくれた子どもたち　祖父江文宏著　三八一円

老・病・死の現場から　田畑正久著　三八一円

今、今日を生きる　田畑正久著　三八一円

仏の智慧　仏教でシェイクスピアの『リア王』を読む　狐野利久著　三八一円

法藏館　価格は税別